AF440364

PALLADIUM

DE LA FRANCE.

OFFERT AU PAYS, A LA GARDE NATIONALE ET A L'ARMÉE.

LE PYROFÈRE *.

RÉFLEXIONS D'UN PARISIEN

SUR LES FORTIFICATIONS DE LA CAPITALE.

Un mot sur notre marine militaire à vapeur.

---

* Quand une idée nouvelle vient à surgir, avant de la taxer de ridicule ou de folie, il faudrait au moins se donner la peine de l'examiner, dût même cette idée amener dans ses développemens des résultats autres que ceux que s'était promis son auteur. Qu'importe, si ces résultats ont aussi leur but d'utilité ?

La science, dans ses investigations, ne doit rien négliger de tout ce qui peut tendre au perfectionnement ; le hasard ne lui a-t-il pas fourni mainte fois l'occasion d'étendre son domaine ? (pag. 13, note 1).

SE TROUVE

AUX ADRESSES INDIQUÉES AU VERSO DU PRÉSENT TITRE.

Mai 1841.

Se trouve, ainsi que

LES LOISIRS DE L'HOMME DE GUERRE,

A Paris, au dépôt, rue Saint-Germain-des-Prés, 9, et chez les principaux Libraires.

A Grenoble, chez Bailly, libraire, place Saint-André,

et dans les départemens, aux Librairies ci-après :

Ajaccio, Luvini.
Amiens, Boudou-Caron.
Angers, Cauville.
Arras Topino.
Avignon, Seguin aîné, Saint-Jean.
Bayonne, Bonzom.
Besançon, Deis.
Bordeaux, Gassiot aîné.
Boulogne, Delligny.
Bourges, Vermeil.
Brest, Egasse.
Caen, Manoury.
Cherbourg, Baudry.
Clermont, Verrier.
Dijon, Décailly.
Dunkerque, Lancel.
Havre (le), Mad. Houdaille.
Lille, Lemaître.
Limoges, Ardeliers.
Lorient, Gousset.
Lyon, Mad. Durval, Nourtier.

Mans (le), Pesche.
Marseille, veuve Camoin, Masvert.
Metz, Verronais.
Montpellier, Castel, Sevalle.
Nancy, Liébaut.
Nantes, Bonvoust, Mellinet.
Nîmes, Bianquis-Ginoux.
Orléans, Pertuis.
Perpignan, Tastu, Alzine.
Poitiers, Bources.
Reims, Brissart-Person.
Rennes, Molliex.
Rochefort, Faye.
Rouen, Frère.
Saint-Étienne, Boyer, Merazzi.
Strasbourg, Alexandre.
Toulon, Isnard.
Toulouse, Mlle Alquié, Douladoure.
Tours, Mame et comp.
Troyes, Sainton.
Versailles, Roger.

COSSON, IMPRIMEUR DE L'ACADÉMIE ROYALE DE MÉDECINE,
rue Saint-Germain-des-Prés, 9.

PALLADIUM

DE LA FRANCE.

A MESSIEURS DE LA CHAMBRE DES DÉPUTÉS.

Tout pour le pays !

M ESSIEURS ,

Après la grave question d'Orient, qui a si fortement réveillé en France tous les souvenirs de gloire nationale, en même temps qu'elle soulevait toutes les rancunes de l'étranger; après la grande et importante question des fortifications de Paris (1), question si épineuse et si

---

(1) Il ne paraîtra pas indifférent de grouper ici, d'une manière succinte, pour mieux les résumer et les apprécier, les diverses opinions émises par nos premiers publicistes ou à la tribune, lors de la discussion de la loi aux deux Chambres, sur une mesure qui se rattache de si près au sujet qui va nous occuper ici, et qui doit avoir tant d'influence sur les destinées du pays. C'est ce qu'on publie dans la présente note sous le titre de :

R ÉFLEXIONS D'UN PARISIEN SUR LES FORTIFICATIONS DE LA CAPITALE.

La loi des fortifications, véritable sauve-garde de la France, est enfin sortie victorieuse de la discussion, à la grande satisfaction de tous les vrais amis du pays. Quelques puissans qu'aient pu paraître les argumens de ses adversaires, ils ont dû céder devant la logique serrée, nerveuse et concise, comme devant l'expérience de tant d'illustrations militaires, de hautes notabilités politiques et scientifiques, d'hommes d'état placés à la sommité des affaires publiques, de tacticiens les plus habiles, et mieux encore, devant cette opinion populaire dont le tact est si sûr dans tout ce qui la touche de près , qui sait si bien apprécier ce qui est à sa convenance, et à laquelle on ne saurait donner le change par de brillans sophismes ou de pompeuses déclamations. Au reste, assez de motifs pour

controversée, qui a mis en présence tant d'opinions divergentes, quoique dirigées toutes vers un but unique, LE SALUT DE LA PATRIE,

déterminer le vote de la loi, avaient été présentés par des hommes dont le patriotisme, après tout, valait bien celui de ses adversaires.

Aujourd'hui que les idées sont plus rassises, que le calme d'une sage et mûre discussion a porté la conviction dans beaucoup de consciences, qu'on peut apprécier le véritable but dans lequel la loi a été proposée, bien des esprits abandonnent des craintes chimériques, se rangent au parti du bon sens et de la raison, viennent se rallier franchement à l'action pleine de loyauté (nous ne saurions penser autrement) qui a dirigé la marche de cette grande mesure dont l'utilité, et l'opportunité ne sauraient être contestées un seul instant; on peut affirmer que cette mesure, à bien peu d'exceptions près, obtient sans restriction l'adhésion sincère et sérieuse du pays, et qu'elle a toutes ses sympathies. Car ce n'est pas dans deux ou trois pétitions isolées, qui comptent tout au plus *trois* ou *quatre cents* signatures qu'on a eu même assez de peine à recueillir, qu'il faut aller chercher le vœu de TRENTE-TROIS MILLIONS de Français.

Les générations à venir conserveront à la génération présente une profonde reconnaissance d'un si grand bienfait, surtout s'il arrive que les coalitions nous menacent encore. Certes, on ne voudra pas croire alors à cette opposition si vive que les fortifications ont trouvée parmi nous ! Au reste, il en est ainsi de toutes les lois qui rencontrent le plus de difficultés et d'obstacles ; si elles viennent à bout des répugnances les plus vives et les plus opiniâtres, c'est qu'elles sont provoquées par d'urgentes nécessités sociales, c'est qu'elles sont soutenues par un grand sentiment national, auquel doit rester la victoire après toutes les luttes et toutes les discussions.

Si les fortifications de Paris ne reculent pas nos frontières elles vont du moins, et c'est quelque chose, en fermer les trouées.

On a dit et on a redit, dans la discussion de la loi, que les fortifications de Paris ajoutaient aux forces défensives de la France. Ce n'est que la moitié de la vérité. L'enceinte donnée à la capitale rend disponible nos forces offensives pour le jour où il faudra les déployer. Avec cette formidable réserve, l'armée cesse d'être attachée au sol. On peut affronter l'ennemi sur son propre territoire, quand on n'a plus à craindre les retours sur Paris. C'est pour la puissance et non plus seulement pour l'indépendance que l'on combat alors.

Lorsque les fortifications de Paris sortiront de terre, la face du pays se trouvera changée. Ce sera une autre France, non pas plus grande, mais plus forte ; pour la première fois peut-être depuis vingt-cinq ans, le pays a su accomplir avec persévérance un projet qu'il avait embrassé avec énergie. Les obstacles étaient nombreux, on les a surmontés ; les convictions chancelaient, on les a raffermies par la discussion, grâces aux mâles et chaleureuses paroles de MM. de Broglie, Molitor, Pelet, Dode, Arago, Thiers, Odilon-Barrot, de Remusat, Paixhans et de tant d'autres même hors des chambres, qui ont abordé la question avec une franchise sans égale ; l'étranger nous observait, le blâme et pour ainsi dire l'injure à la bouche, on n'a tenu aucun compte de son dépit. On peut dire que de ce jour, commence véritablement l'émancipation du pays.

Avoir repris et amené à si bonne fin la grande pensée de VAUBAN et de NAPOLÉON, c'est un succès auquel il n'était pas facile de prétendre. Les fortifications de Paris sont pour nous la grande œuvre du siècle. Non ! quoiqu'on dise et qu'on fasse, le pays ne peut jamais maudire ceux qui l'ont rappelé ainsi au sentiment de sa grandeur.

qu'il soit permis à un membre de la grande famille d'appeler l'attention de la chambre sur une question non moins importante, celle

La loi des fortifications de Paris, votée le 1er février à la Chambre des Députés et le 1er avril à celle des Pairs, loi toute de sécurité, et à laquelle on ne saurait selon nous, donner à aucun titre le nom affecté de loi d'*embastillement*, « aura, entre autres grands résultats, celui de faire que la défense nationale, en cas de guerre d'invasion, ne soit plus exclusivement confiée aux armées permanentes. La fortification de la capitale, introduit, pour ainsi dire, l'élément civil dans les luttes que nous pouvons avoir à soutenir contre l'Europe. Elle appelle tous les citoyens indistinctement à un honneur qui jusqu'à présent avait été le privilége exclusif des soldats. Elle prépare aux français, non militaires, un champ de bataille où ils pourront rendre presque autant de services que les troupes régulières, et elle détruit d'un seul coup tous les plans d'invasion rapide que les étrangers caressent depuis vingt-cinq ans. » Rien ne saurait mieux nous fixer à cet égard que la remarque faite le jour du vote de la loi de deux chaises de poste stationnant aux portes du Palais-Bourbon, et se tenant prêtes à partir, probablement pour quelque cour étrangère, aussitôt que le résultat du scrutin serait connu. Un tel fait a une portée qui sera facilement comprise de tous les hommes qui savent ce que c'est que politique. La mauvaise humeur de la presse allemande est aussi là pour témoigner de l'importance de la mesure par l'ombrage qu'elle porte aux cabinets étrangers, et le discours de notre ambassadeur à Berlin, M. Bresson, prononcé le 27 mars à la tribune des Pairs, en dit assez à cet égard. Cette mauvaise humeur ne se décèle-t-elle pas également dans le journal ministériel anglais le *Times*, lorsqu'il s'exprime ainsi avec tant d'orgueil : « La domination des mers permet à la Grande-Bretagne de considérer avec calme les chances de la guerre, dont les ravages ne peuvent s'étendre sur elle, grâce à sa position insulaire. La France verra, par le vote du budget de la marine, que l'Angleterre *n'est pas spectatrice oisive* de ses armemens, et qu'elle sait profiter des avertissemens que lui donnent les FORTIFICATIONS DE PARIS. »

Il est certain que Paris, environné d'une enceinte continue, et protégé par des ouvrages extérieurs, ne sera plus à la merci d'un revers de fortune ou de la trahison. Si le sort des armes trompait (ce qu'à Dieu ne plaise !) le courage de notre armée ramassée sur la frontière ; si, réussissant à tourner nos places fortes, l'Europe coalisée parvenait une *troisième* fois à conduire sous Paris ses hordes impatientes de dévorer le cœur de la France, leur rage viendrait du moins expirer contre de bonnes murailles. Le sol de la patrie aurait le temps d'enfanter de nouveaux combattans, et avant qu'ils fussent épuisés, la faim, la peur, le sang versé à chaque heure du jour et de la nuit auraient fait une éternelle justice du dernier effort de la barbarie. Paris, recevant dans ses murs, rassemblant autour de lui tout ce que l'âge et le patriotisme armeront dans les départemens, transformant en un jour de nobles enfans, de mâles citoyens en faciles soldats, sera la citadelle invulnérable où viendront vaincre ou mourir s'il le faut toutes les forces de la France, d'où l'ordre et la lumière ne cesseront de rayonner ; glorieuse et puissante UNITÉ que notre pays seul au monde est capable de réaliser, et qui lui rendra certainement le rang qu'il n'aurait jamais dû perdre.

En laissant Paris ville ouverte, qui peut répondre de la modération de l'ennemi si, dans une bataille livrée sous les murs de la capitale et gagnée par lui, on lui fait payer cher son succès. Qui alors contiendra son exaspération ? Qui préservera la ville d'un sac d'autant plus complet qu'il ne rencontrera plus d'obstacles! Deux fois déjà, dira-t-on, l'ennemi a occupé Paris, et les malheurs que l'on semblerait redouter ici ne se sont pas réalisés. Qu'on n'oublie pas que dans ces deux graves circonstances, Paris n'a dû son salut qu'à une seule éventualité, la présence d'un homme d'une grande modération, et *qui n'existe plus,* l'empereur *Alexandre!*

des fortifications du PAYS TOUT ENTIER, non pas qu'il s'agisse ici, chose qui serait absurde, d'enceinte continue ou de forts déta-

Quant aux craintes qu'ont pu concevoir des esprits qui poussent peut-être un peu loin la susceptibilité sous le rapport des prétendus dangers que la GRANDE CITÉ pourrait avoir à courir dans certains momens de crise politique, nous aimons à croire ces dangers imaginaires, et voici ce qu'on pourrait opposer de plus logique à cet égard.

Il ne saurait entrer dans l'esprit d'un homme raisonnable qu'aucun pouvoir quelqu'il soit, ait jamais en vue le bombardement d'une ville comme Paris ; ce serait non seulement une lâcheté, mais encore un crime inouï, un acte insensé et sans aucun résultat utile. Or, on ne fait jamais le mal pour le seul plaisir de le faire ; ce serait en outre, pour ce pouvoir, un *véritable suicide*. Les souvenirs de 89 et de 1830 sont encore là. Il n'a existé dans le monde qu'un seul NERON, et l'on sait ce qu'il en advint à ce tyran pour avoir brûlé Rome !.... On sait aussi avec quelle indignation, dans les journées de juillet 1830, la plupart de nos braves soldats, flottant d'abord entre la dure nécessité d'accomplir un rigoureux devoir, celui de l'obéissance passive à l'ordre de leurs chefs, et l'épanchement d'un sentiment non équivoque de nationalité, ne tardèrent pas, quand ils reconnurent quel odieux sacrifice on exigeait d'eux, à jeter armes et bagages, à se livrer même sans défense, ou à se retirer, la *crosse en l'air*, du champ du carnage. De tels exemples ne peuvent se perdre ; il faudrait d'ailleurs des siècles pour les voir se renouveler.

Et la famine ! vient-on s'écrier ? Eh bien ! qu'avez-vous à craindre de la famine, lorsque la science vient en ce moment même à votre aide, en mettant à votre disposition le précieux procédé *Gannal* pour la conservation des viandes *crues* pendant des années entières ? Quand, d'un autre côté, vous avez pour celle des céréales les *silos*, vastes et sûrs magasins qui défient les boulets, les bombes et l'incendie ! Ainsi donc avec le procédé *Gannal*, avec les *silos*, avec le *puits de Grenelle* et ceux qu'on pourra forer de nouveau, avec les *Turbines* de M. l'ingénieur Forneyron, si vivement recommandées par M. Arago (*voy. plus bas*) et par-dessus tout avec le courage déjà tant de fois éprouvé de l'héroïque population de la capitale et de sa noble garde nationale, plus de craintes, plus de famine, pas l'ombre d'appréhension d'incendie; et (ce qui n'est plus même présumable), l'état de siége arrivant, jamais, non jamais Paris n'en sera réduit, comme on a prétendu l'insinuer, sans doute pour faire peur aux femmes et aux petits enfans, à *dévorer les débris de Montfaucon et à piler les os des morts pour fabriquer un pain exécrable !* expressions qu'assurément on a pu être étonné de rencontrer dans la bouche qui les a prononcées et qui auront été fort peu du goût de nos vives et sémillantes parisiennes.

Mais, reconnaissons-le bien une fois pour toutes, et l'expérience est là pour le démontrer, quelle que soit l'insistance de l'opinion contraire, PARIS PRIS, LA FRANCE CAPITULE! et si l'ennemi le tient encore une fois, il le tiendra longtemps. On a pu voir d'ailleurs comment il sait observer les capitulations ?

Quand Napoléon étendait les frontières de l'empire des rivages du Tibre aux bords de l'Ems, il était bien loin de penser qu'il fallut s'occuper de fortifier Paris. Combien de fois ne regrette-t-il pas depuis cette trop funeste sécurité ? Lorsque son armée fut à deux reprises différentes refoulée vers la capitale, « si Paris eût tenu *trois jours*, disait-il, j'arrivais et je sauvais tout ! » avec de bonnes et solides murailles telles que celles qu'on va construire, avec la ligne de forts qui doit les protéger, ce n'est pas seulement trois jours que Paris eût tenu, mais trois ans et plus, ou plutôt l'ennemi appréhendant d'être pris entre deux feux ou de compromettre sa retraite, ne se fût jamais aventuré jusque-là ; car une fois Paris fortifié, pour risquer un pareil coup, il faudrait aux assaillans

chés ; mais bien de l'organisation prompte, sûre et peu dispendieuse, eu égard aux immenses résultats qu'on en doit attendre, de moyens

une armée de *sept à huit cent mille* hommes, trois ou quatre mille bouches à feu, tout un matériel et des approvisionnemens à l'avenant. C'est donc, comme on le voit, chose impossible.

Il a toujours été reconnu que, si en 1812, Moscou eût été fortifié, les Russes n'eussent pas été réduits à la nécessité de brûler leur capitale pour sauver l'empire (que cet exemple nous profite !) L'armée française eût été obligée de prendre ses quartiers d'hiver à Smolensk pour reprendre la campagne après la mauvaise saison.

Sous le rapport moral, Paris une fois fortifié, si la France vient jamais à éprouver un revers assez grand pour amener l'ennemi sous les murs de sa capitale, et ce doit être là véritablement la plus sérieuse de nos craintes, Paris alors devient naturellement le lieu de refuge le plus sûr de tous les grands corps de l'Etat, et, par conséquent, le centre unique de toutes les opérations militaires ou administratives qui doivent tendre au salut général, le seul point de départ de tous les ordres donnés, dans le même but (le télégraphe sait franchir les remparts), le plus solide point d'appui et de ralliement de toute armée forcée de battre en retraite, et s'il pouvait être permis de s'inquiéter sérieusement de l'influence que pourrait exercer, ou directement sur la liberté de la population, ou indirectement sur ses habitudes et sur son esprit, cet appareil militaire et cet accroissement inévitable de la force armée au siége de la puissance politique du pays, ce serait une raison, comme l'a dit à la tribune un de nos orateurs, pour qu'une législation prévoyante mît les citoyens à couvert contre toutes les tentatives d'usurpation, contre toutes les chances de tyrannie que pourrait nous réserver l'avenir. Au résumé, la loi pourvoit à la première de toutes les nécessités pour un grand peuple, celle de *garantir contre l'ennemi l'indépendance nationale.*

☞ Que si, malgré tous les gages de sécurité que l'on essaie de donner ici, il se trouvait encore des esprits dont les inquiétudes ne pussent être calmées, il existe un excellent moyen de les rassurer, auquel on n'a nullemeut songé dans la discussion de la loi, moyen on ne peut plus propre à concilier toutes les opinions, en resserrant encore davantage, s'il est possible, les liens d'intimité qui unissent la garde nationale à l'armée ; c'est, à l'approche du danger, de confier simultanément à ces deux colonnes de la patrie la défense de ces mêmes forts qui, loin d'être alors un objet de méfiance et de terreur pour la capitale, deviendraient au contraire, en de telles mains, son plus ferme boulevard et la garantie la plus solide contre toute atteinte aux droits de ses citoyens.

Reste maintenant la question financière, reste aussi la crainte d'une suspension pour plusieurs années de tous les travaux d'intérêt général tels que *canaux, chemins de fer, amélioration des routes, navigation à vapeur,* etc., enfin, le sacrifice exigé par l'impôt nécessaire pour faire face à tant et de si grandes dépenses : c'est ici que la France en appelle au patriotisme de ses enfans, et, à coup sûr, elle sera entendue, car il ne s'agit rien moins que de son salut, et du maintien de son rang et de sa puissance aux yeux de l'Europe. Reportons d'ailleurs quelque peu nos regards vers le *milliard* payé aux alliés en 1815, vers la perte des plus beaux objets d'art enlevés à la même époque à nos musées et à nos établissemens publics, et même vers un autre MILLIARD *si libéralement octroyé* en avril 1825, et demandons-nous s'il ne vaut pas mieux, par ce sacrifice que le pays attend de nous aujourd'hui, nous préserver à jamais du retour de pareils désastres. Nous ne saurions qu'être, à cet égard, de l'avis de celui de MM. les députés, qui, le 3 février 1841, écrivait qu'il aimait mieux « *donner* 140

de défense qu'on peut à bon droit nommer le véritable PALLADIUM de la France.

On a souvent répété que l'impétuosité dans l'attaque, si naturelle au soldat français, devait être un motif de s'occuper beaucoup moins chez nous du système défensif que du système offensif ; cependant les deux invasions de 1814 et 1815 ont suffisamment prouvé que ni l'un ni l'autre des deux systèmes n'était à négliger, car, qui nous répondra que les puissances alliées qui se sont si bien trouvées de la visite qu'elles nous ont faite à ces deux époques, ne soient point tentées quelque jour de recommencer. Or, c'est dans ce sens que l'auteur du projet dont il va être parlé, vient offrir à son pays le résultat de recherches longues et laborieuses, de combinaisons multipliées, faites et essayées dans l'unique but de le servir utilement.

J'ai donc l'honneur de faire hommage à la Chambre de deux exemplaires d'un petit ouvrage ayant pour titre : LOISIRS DE L'HOMME DE

millions pour empêcher l'ennemi de venir à Paris que de s'exposer à voter plus tard un MILLIARD *pour notre rançon.* »

Jugeant donc la loi actuelle sans engouement comme sans prévention hostile, nous sommes de l'avis de ceux qui, après un examen approfondi, estiment que la somme des avantages qu'elle procure doit l'emporter sur les dangers ou les inconvéniens qu'on chercherait à y rencontrer ; car, dans le fait, rejeter cette loi, c'eut été substituer des dangers réels à des craintes chimériques.

Qu'on ajoute aux moyens dont il vient d'être parlé plus haut le grandiose et patriotique projet de M. Arago d'élever l'eau de la Seine à quarante-huit mètres au-dessus de son niveau, au moyen de *turbines* établies près le Pont-Neuf, ce qui donnerait la possibilité d'en verser à *volonté* dans les fossés des fortifications une masse équivalente à un bras de ce fleuve et aurait le double but d'utilité, de défendre les approches de la place et de fertiliser les plaines étendues qui l'environnent. (Le puits artésien de Grenelle vient encore ajouter à ces belles créations) ; qu'on fasse ensuite à nos magasins à poudre l'application du système de MM. Piobert et Charles Boyer, qui consiste à les préserver, par un procédé très-simple, des dangers de l'explosion, et PARIS *sans cesser d'être ville ouverte,* deviendra incontestablement la première place de guerre de l'Europe sans en avoir les inconvéniens, la plus redoutable forteresse du monde, en un mot, la VILLE IMPRENABLE et le tombeau obligé de tout ennemi assez audacieux pour pousser jusque-là.

Nous terminerons par cette question : si le canon eût grondé à la frontière au moment du vote de la loi, y eût-il eu alors dissidence dans les opinions ? Non, certes ; et une pensée unique, celle du SALUT GÉNÉRAL, eût rendu UNANIME, au moins nous nous plaisons à le croire, le vote affirmatif des deux chambres. Renfermons-nous donc dans cette pensée, la seule qui doive occuper l'esprit de tout bon Français !

Ces lignes sont toutes de conviction ; on aurait donc tort de chercher à y rencontrer le moindre mot qui pût se rattacher à l'esprit de parti ou de *servilisme* ; si celui qui les a tracées s'est trompé, son erreur est de bonne foi, et elle sera sans doute partagée par tous les hommes véritablement nationaux. D'ailleurs, des sentimens pareils à ceux dont on vient de parler (le servilisme et l'esprit de parti), cadreraient mal avec l'offre toute patriotique que l'on fait ici au PAYS, d'un des plus énergiques moyens de maintenir et d'accroître sa puissance.

guerre, etc. (1), où se trouve l'indication des moyens qu'il s'agirait de mettre en pratique pour obtenir le résultat désiré.

« *Si vis pacem, para bellum* », dit un vieil et prudent adage.

C'est particulièrement dans la deuxième partie de l'opuscule, qui traite de la puissance de certains moyens de guerre, que sont développées les conséquences de cet axiôme, que les gouvernemens sages ne devraient jamais perdre de vue, quelle que soit leur puissance, la force de leurs moyens, et même l'intimité de leurs relations avec les autres peuples; car, dit une autre sentence non moins prudente : « *Vis avec ton ami comme s'il devait être un jour ton ennemi.* »

Le but de cette publication, accueillie à son origine avec une faveur due sans doute aux détails curieux et variés qu'elle renferme, aux souvenirs intéressans qu'elle retrace, et, par-dessus tout, aux sentimens d'esprit national et de franc patriotisme qui s'y trouvent exprimés au plus haut degré, a donc été de faire connaître au pays un procédé duquel il doit retirer les plus précieux avantages, soit dans les guerres continentales, soit dans les guerres maritimes, et qui le mette dans la position de ne jamais rien avoir à redouter des menaces ni des dispositions hostiles de l'étranger, et cela (qu'on note bien !), *sans rien changer à la nature, à l'ordre et à l'économie des moyens connus* et *usités jusqu'à présent* (2); ce n'est, à proprement parler, qu'une addition à ces moyens, qu'il suffit de bien coordonner avec eux.

Ce procédé, que l'inventeur a vainement tenté de produire durant les guerres de la République et de l'Empire, quoiqu'il eût obtenu le suffrage d'hommes du métier, et notamment de marins expérimentés, remonte à *quarante ans* environ. En 1804, il fut mis sous les yeux du chef de l'État (3). Napoléon, alors, déjà au fort de sa puissance, dédaignait de pareils moyens; cela n'est point étonnant, il n'avait pas encore compris un revers; d'ailleurs, il était permis à l'homme qui défiait impunément et avec une audace sans pareille, au milieu de deux lignes de combattans, les boulets et la mitraille, de se croire l'élu du destin. C'est sans doute la raison pour laquelle il ne parut pas attacher une grande importance à une telle offre. N'avait-il pas, du reste, déjà repoussé celle de l'ingénieur américain Fulton, qui lui proposait l'application de la vapeur au système de guerre maritime (4), et, pour accomplir cette grande œuvre, la création de bateaux du modèle de ceux qui sillonnent aujourd'hui les mers dans toutes les directions. Napoléon traita de folie cette proposition, qui cependant (lui-même

____

(1) Brochure in-12, 1840. — Paris, au bureau de souscription du *Dictionnaire pittoresque d'Histoire naturelle*, place Saint-Germain-des-Prés, 9.

(2) *Voyez* la brochure, pag. 70 et 71.

(3) *Voyez* la brochure, pag. 75, note 2.

(4) Voy. la brochure, p. 76.

Un mot en passant sur notre *marine militaire à vapeur* :

« L'application de la vapeur à la navigation, dit M. Bignon, dans son rapport

le reconnut, mais trop tard, car il voguait déjà vers Sainte-Hélène),
allait lui livrer pour jamais l'empire des mers.

sur les crédits de 1841, est un grand fait et l'une des plus grandes découvertes
des temps modernes. Ce nouveau matériel naval est appelé à prendre une grande
part dans la stratégie maritime, soit en facilitant les mouvemens et les opérations
des escadres, soit en favorisant les débarquemens, en remorquant les bâtimens à
voiles, etc. Peut-être cette navigation est-elle destinée à modifier ou à rempla-
cer en partie la navigation à voile ; l'avenir prononcera sur tous ses avantages
et les diverses applications qu'on en peut faire. » Une remarque bien essentielle
est cependant à faire ici ; c'est qu'un seul boulet venant à fracasser ou la machine
ou les roues d'un steamer, le voilà immédiatement hors de service et devenu
beaucoup plus embarrassant qu'utile.

Passons maintenant aux considérations générales qui peuvent se rapporter à la
navigation à vapeur.

L'Angleterre, qui semblait s'endormir, depuis vingt-cinq ans, sur sa vieille ré-
putation, s'est tout-à-coup réveillée par les brusques et désastreuses attaques de
Beyrouth et de Saint-Jean-d'Acre, places à la vérité d'une importance moyenne
sous le rapport du mauvais état de leurs fortifications, et qui ne pouvaient soutenir long-temps le choc d'une escadre pourvue d'un matériel complet et armée de
500 bouches à feu de gros calibre, quoique cependant lord Wellington lui-même
ait proclamé en plein parlement (le 4 février 1841) « qu'il ne fallait pas croire
à la possibilité de remporter tous les jours de semblables avantages ; qu'on ne
pourrait citer *plus d'un exemple* d'un succès de pareille nature. » Cependant ce
succès a singulièrement relevé les espérances et considérablement enflé les pré-
tentions de nos ambitieux voisins. La France doit donc se tenir sur ses gardes,
et, sous ce rapport, on ne saurait donner trop d'attention aux réflexions publiées
tout récemment par un marin expérimenté, M. Auguste Bouet, capitaine au
long cours, sur notre position maritime comparativement à celle de l'Angleterre.

» Nos vaisseaux, dit cet officier, sont supérieurs à ceux des Anglais, mais combien nous sommes restés loin d'eux en arrière pour la *navigation à vapeur!*...
Quand *le Papin, l'Etna, le Castor, le Fulton,* se sont trouvés, dans le Levant, à
côté des belles frégates *le Stromboli, le Cyclope,* etc...; quand nos officiers
ont vu pointer à l'horizon *l'Oriental* faisant la même route qu'un de nos paquebots, atteindre ce dernier, le dépasser et déployer une vitesse double de la sienne;
quand ils ont examiné la belle installation de cette frégate à vapeur logeant
cinq cents passagers militaires, avec tout le confortable qu'on peut désirer, tandis que nos soldats sont horriblement mal sur nos paquebots ; enfin quand on
considère l'importance des gros steamers anglais depuis le commencement de la
guerre de Syrie, on se trouve en France, par cette comparaison, d'une faiblesse
désespérante. Tandis que les Anglais construisent en toute hâte un grand nombre de frégates à vapeur de 450, 500 et 1000 chevaux, *notre plus fort navire est
de 220, et la coque du Gomer attend encore d'Angleterre les machines de 450
qu'un manufacturier anglais devait nous livrer...* •

« Encore une fois, notre marine à voiles rivalise avec la marine à voiles de
l'Angleterre ; nous en convenons volontiers parce que cela est, et durant quelque
temps sans doute, le succès des grandes batailles navales se décidera avec des
vaisseaux et des frégates (voir la brochure, page 71, note 2, alinéa 2). Cependant
puisque l'expérience n'a rien démontré à cet égard, peut-on assurer que les frégates à vapeur n'entreront pas pour beaucoup dans les chances de ces combats?...
Une frégate à vapeur armée de cinq ou six pièces de gros calibre, pareilles à celles
dernièrement mises en usage, pourrait faire un mal immense à un vaisseau
qu'elle attaquerait impunément de tous les côtés et *hors de la portée de ses*

Ne pas aventurer un secret pendant un tel laps de temps, c'est assez
dire la discrétion de l'inventeur; c'est prouver l'importance qu'il at-
tachait à ne pas le livrer inconsidérément et la ferme résolution où il
était de n'en doter que son pays, quelque fussent les avantages qu'il

projectiles. Elle pourrait remettre en ligne un vaisseau démâté, ou assurer son
salut, en lui donnant une remorque. Puis une flotte de bateaux à vapeur bloque-
rait hermétiquement toutes nos côtes, empêcherait la sortie du plus mince cabo-
teur, et ruinerait inévitablement notre commerce ; pourquoi donc ne pas songer
d'avance à nous assurer quelques moyens de repousser l'agression.

» On sait que l'Angleterre fournit à peu près seule les machines d'une grande
dimension (*), et une guerre avec elle nous réduirait brusquement à nos propres
ressources. Ce cas échéant, nous croyons bien que l'emploi de mesures énergiques leur donnerait un puissant essor; toutefois à l'aide de sacrifices énormes et
qu'il serait facile de prévenir.

» Les grandes machines des bateaux à vapeur transatlantiques ne sont pas, dit-
on, exécutées en France faute de capitaux; c'est donc au gouvernement à donner
l'essor à cette industrie par de fortes primes, par de larges indemnités ; alors l'in-
dustriel, se voyant appuyé, ne craindra plus d'attaquer les travaux des grandes
machines; il mettrait plus de soin à la formation de ses ouvriers, au choix des
matières premières, et parviendrait sans nul doute à vaincre la prévention qui
existe contre les productions françaises de ce genre.

« Le maréchal Clausel devait, dit-on, proposer à la chambre d'autoriser la
construction de 200 bateaux à vapeur de guerre ; mais où trouver des construc-
teurs en quantité suffisante pour une telle opération, qui coûterait au moins CENT
MILLIONS, et quel temps ne faudrait-il pas pour venir à bout d'une si immense
entreprise, » Ce ne sont pas là de ces choses qui se jettent au moule.

« Qui pourra dire aussi que les Anglais, fiers des succès qu'ils ont obtenus en
Syrie, n'apporteraient pas des entraves à une telle construction *effectuée chez
eux ?* N'est-ce pas même là une raison qui paralyse la construction de nos bateaux à vapeur transatlantiques ? Ne vaudrait-il pas mieux, poursuit toujours notre navigateur, employer la moitié de cette somme à favoriser les efforts de nos
fabricans qu'à construire des bâtimens pour lesquels on ne serait seulement pas
certain d'avoir un moteur ? »

« C'est donc remplir un sérieux devoir que d'appeler la sollicitude active et im-
médiate du gouvernement sur cette question vitale de la marine à vapeur. Les
hommes du métier prévoient bien le rôle immense qu'elle jouera dans la première guerre maritime. Aussi l'Angleterre n'a-t-elle pas manqué d'agir en con-
séquence, ainsi qu'on peut s'en convaincre par l'ardeur qu'elle met à poursuivre
l'armement de ses steamers. PROFITONS DE SON EXEMPLE ; car, au jour de la
lutte, il serait peut-être trop tard, et *il nous resterait d'amers et inutiles re-
grets de n'avoir pas su prévoir l'avenir.* »

QUE DE RAISONS DE S'OCCUPER SÉRIEUSEMENT DU PYROFÈRE ! avec cet agent
si puissant et les fortifications de Paris, la France pourrait en toute sûreté attendre ses ennemis de pied ferme.

* M. Pauwels, dans la séance de la chambre des députés du 8 février 1841, a défendu
avec chaleur nos constructions de machines à vapeur, qu'il estime à l'égal de celles d'Angleterre. « Je le déclare, a-t-il dit, la construction française n'a pas besoin de protection à raison
de son travail et de son intelligence ; elle demande seulement à être placée dans une position
identique avec l'industrie étrangère ; elle saura lutter avec elle.

» Il faut, disait en 1840 la commission des douanes, procurer à notre navigation interna-
tionale tous les moyens de lutter avec succès contre les navigateurs étrangers, et donner à la
construction des machines en France des encouragemens à l'aide desquels elle puisse, dans un
temps rapproché nous fournir toutes les machines dont notre marine pourra avoir besoin. »

eût pu en retirer d'ailleurs (1) ; mais il lui a toujours semblé que , dans des cas semblables, l'amour du pays devait faire taire l'intérêt privé. On a de plus ici la preuve d'une bien louable persistance à ne point se rebuter contre les difficultés sans nombre qui surgissent de toutes parts dans de telles affaires, non plus que de la lutte opiniâtre qu'on a presque toujours à soutenir soit contre une désespérante apathie , soit encore contre l'indifférence, le mauvais vouloir, les oppositions systématiques, et, souvent même, les calculs intéressés (2).

Un vétéran de nos armées, M. le lieutenant-général d'artillerie de Vaudoncourt, a fait justice de ces sentimens d'égoïsme , indignes de tout bon Français, dans la lettre qu'a publiée de lui le journal *le Commerce*, le 18 décembre 1840.

Il était question d'un moyen de guerre d'un grand effet, dont il appuyait personnellement la proposition, en se rendant l'avocat officieux de l'inventeur auprès du gouvernement (1845) ; « ce moyen, dit-il, » dont le secret devait être mis à la disposition du gouvernement, fut, » *malgré l'AVIS FAVORABLE de la commission chargée de présider aux* » *premiers essais*, repoussé par celui *à qui l'honneur et les devoirs de* » *sa place imposaient l'obligation de protéger toute invention utile à sa* » *patrie!* L'ignorance et un orgueil jaloux l'emportèrent sur le patrio- » tisme. »

Si nous jetons nos regards d'un autre côté , quelles peines n'a point eues le capitaine Delvigne à faire prévaloir son *fusil rayé*, d'un effet si supérieur à celui du mousqueton. Il lui a fallu pour cela douze ans de démarches et de sollicitations ; il lui a fallu (ce sont ses propres expressions) « *voir son épée se briser dans la lutte* » , et peut-être encore eût-il complétement échoué s'il n'eût rencontré l'appui d'un homme que l'on trouve toujours prêt à faire prospérer les inventions utiles au pays, de M. Arago (3).

---

(1) Cet exemple n'a pas toujours été suivi, et nous en avons une preuve dans le fusil *Heurteloup* * et dans les *vapeurs-brûlots* ** , deux objets d'invention française qui sont allées grossir les ressources de l'Angleterre, déjà assez riche cependant sous ce rapport. (*Voyez* pag. 79 de la brochure : RICHESSES SECRÈTES DES ARSENAUX ANGLAIS.)

(2) « L'auteur d'une découverte a toujours à combattre ceux dont elle peut blesser les intérêts, les partisans obstinés de tout ce qui a vieilli, enfin les envieux. Cette masse compacte d'opposans, le temps peut seul la désunir et la dissiper ; il faut l'attaquer vivement, l'attaquer sans relâche ; il faut varier ses moyens d'action, imitant en cela le chimiste à qui l'expérience enseigne que l'entière dissolution de certains alliages exige l'emploi successif de plusieurs acides. » (M. ARAGO, *Annuaire des longitudes*, 1839.)

(3) Voir la brochure pag. 60, 61, 62 et 78, note 2 ; voir aussi, pag. 69 et 70, ce qu'on a dit du procédé *Joussard*.

* Voir le *Journal des Débats* du 10 octobre 1840.
** Voir la *Presse* du 28 septembre 1840, la *Gazette de France* du 29, et le *Courrier français* du 30.

L'expérience a plus d'une fois démontré qu'en fait de découvertes de ce genre, non-seulement rien n'est à négliger (et nos voisins d'outre-Manche, qui ne laissent échapper aucune occasion d'accroître leur puissance aux dépens des autres états, nous le prouvent assez), mais encore qu'il ne faut point se laisser prévenir si l'on ne veut pas perdre tous les avantages de sa position ; la France, constamment mue par les sentimens les plus généreux, ne sait pas calculer ainsi ; c'est peut-être un tort dans certaines occasions.

Ne perdons pas de vue cette maxime d'une application de tous les jours :

A MINIMIS AD MAXIMA : « *Les grands événemens par les petites causes.* »

En effet, qui eût jamais dit. il y a plusieurs siècles, qu'un peu de poussière de charbon, de soufre et de salpêtre eût changé la face du globe, transformé des peuplades entières et renversé des souverains de leur trône ? Et, depuis, qui eût pensé qu'une légère vapeur enfermée dans un tube de fer, eût fini par soulever le monde, apporter de notables modifications au système de la navigation en général, et donner une direction nouvelle à toutes les industries ? Eh bien ! le même phénomène se reproduit ici : un peu de liége et d'étoupe (qu'on n'aille pas crier à l'extravagance ou tourner la chose en dérision), et voilà des flottes et des armées tout entières anéanties ou dispersées. Il y a mieux ; avec l'emploi du nouveau moyen, TOUTE CAVALERIE ENNEMIE DEVIENT IMPOSSIBLE, et cependant, chose qu'on aura peine à croire, le moyen proposé (on l'a déjà dit et il est bon de le répéter), *n'apporte pas le moindre changement* à la nature, à l'ordre et à l'économie des moyens connus et usités jusqu'à ce jour.

Il ne faut pas croire, Messieurs, qu'il s'agisse ici d'une de ces idées désordonnées qu'enfante quelquefois une imagination en délire (1) d'une de ces utopies entièrement opposées au sens commun, d'un de ces rêves enfin si familiers aux faiseurs de projets (2), et, pour écarter une telle pensée. il suffira de vous dire que l'idée mère de celui dont il est ici question, a été pendant bien du temps l'objet de méditations profondes et de combinaisons sans nombre ; que, mise en pratique dans des essais souvent répétés sous le sceau de la discrétion, il en a été obtenu des résultats vraiment extraordinaires (3) ; qu'en dernier lieu (4), elle a été soumise à l'une de nos célébrités scientifiques,

(1) Avant de taxer une idée de ridicule ou de folie, on devrait au moins se donner la peine de l'examiner (voir l'épigraphe sur le titre).

(2) Comme serait celui que notre Molière fait mettre en avant par un de ses personnages de la comédie des *Fâcheux*, homme de finance sans doute, lequel, après avoir calculé ce que rapportait à l'État le nombre des ports de mer du royaume, ne trouve pas de meilleur expédient pour en accroître les revenus que *de mettre toutes les côtes de France en ports de mer.*

(3) Vainement l'ennemi à qui l'on opposerait un pareil moyen voudrait-il tenter un assaut, une escalade ou un abordage, il échouerait complétement.

(4) En octobre 1840.

M. Arago, membre de l'Institut et l'un de vos collègues, homme compétent s'il en fut jamais en une telle matière, lequel doit avoir entre les mains (car ils lui ont été adressés) le dessin et la description de l'appareil, et dont le témoignage et l'opinion ne sauraient être suspects (1).

Il serait difficile d'exprimer avec quelle bienveillante sollicitude M. Arago, constamment disposé à saisir les moindres occasions d'être utile au pays, a accueilli l'inventeur du projet, à son passage à Grenoble, le 18 octobre dernier, et s'est complu à prêter à son idée, pendant près d'une heure, la plus sérieuse attention, à l'examiner jusque dans ses moindres détails. C'est surtout à la grande question de la *déviation* (il s'agit d'un projectile d'espèce nouvelle) que le savant s'est attaché, et ses judicieuses observations n'ont point été sans fruit pour l'inventeur, car celui-ci a pu les mettre immédiatement à profit, en leur appliquant le système de *vitesse modérée*, préconisé par M. le général Paixhans, à la tribune, le 23 janvier 1841, s'étant trouvé en cela parfaitement d'accord avec cet officier supérieur, encore bien qu'aucun précédent ne l'eût mis à même de rien préjuger sur l'opinion ou les calculs d'un praticien aussi consommé (2).

Il n'est pas indifférent de dire qu'une simple épreuve de projection à la main, épreuve qui peut se répéter à l'infini et *sans frais*, explique peut-être mieux que ne pourraient le faire tous les *essais au tir*, l'application et les résultats du nouveau système.

Cependant, a plusieurs fois répété M. Arago, « rien ne peut se décider sans épreuve. » Or, M. Arago entend ici une épreuve dans tous ses détails et avec tous les accessoires qui doivent en assurer le résultat. On a dû au célèbre Delaplace les expériences qui ont fait adopter le système Paixhans ; espérons que nous devrons également à la sollicitude de son savant successeur, et particulièrement à la vôtre, Messieurs, le possession de l'*Irrésistible*, ou, si l'on aime mieux, du PYROFÈRE (3).

C'est donc pour cette épreuve, déjà tentée plusieurs fois avec succès, mais seulement en particulier et dans des proportions nécessairement beaucoup trop restreintes, que l'inventeur, son projet à la main, vient réclamer votre appui auprès du gouvernement, unique possesseur, en un tel cas, des meilleurs et plus sûrs moyens d'exécution, surtout quand il s'agit d'opérer sur une grande échelle. Un essai de cette importance appartient nécessairement à l'État seul, et vous serez étonnés d'apprendre que, pour le faire, même d'une manière complète, il ne s'agit tout au plus que d'une dépense de *quelques centaines de francs* (4).

(1) Ce qui distingue particulièrement le procédé nouveau, c'est une simplicité telle qu'on serait presque tenté de lui contester le mérite de l'invention.

(2) *Voy.*, pag. 63 de la brochure, la note 2.

(3) Pour le soldat, auquel les dénominations techniques et scientifiques conviennent peu, on pourrait donner au *Pyrofère* le nom vulgaire de *Marron*, dont il a la forme.

(4) Une dernière expérience du *Pyrofère* a été faite en mai 1841, en présence de plusieurs personnes compétentes pour en bien juger, et le suc-

L'épreuve faite et les approvisionnemens une fois ordonnés et effectués, la marine française n'a plus de rivale, surtout si l'on met en pratique le moyen indiqué page 71. note 2, alinéa 2, de la brochure, et nos armées de terre acquièrent immédiatement sur celles de l'étranger une supériorité d'autant plus incontestable que, dans le cas proposé, cinq hommes en valent DIX, comme sur mer vingt vaisseaux en valent TRENTE.

L'idée qui vous est soumise, Messieurs, est d'un trop grand intérêt pour ne point éveiller au plus haut point votre sollicitude, et nul doute qu'elle ne soit de votre part l'objet d'une sérieuse et vive recommandation à MM. les ministres de la Guerre et de la Marine, qui s'empresseront, n'en doutons pas, de la soumettre à l'examen d'hommes spéciaux et éclairés, joignant aux connaissances pratiques requises un profond amour du pays. Cette dernière condition est surtout essentielle ; car la moindre indiscrétion perdrait tout.

Il sera toujours à regretter néanmoins que, malgré tous les efforts faits depuis si long-temps par l'inventeur pour produire son idée, on ne s'en soit pas occupé plus tôt ; car, avec une somme peu importante si on la compare à l'immensité des résultats (1), on eût à coup sûr évité les *centaines de millions* dont il faut aujourd'hui grever le budget pour faire face à toutes les dépenses autres même que celles des fortifications de la capitale, nécessitées par l'état incessant d'observation qu'on peut à bon droit nommer *semi-hostile* dans lequel se tiennent respectivement, depuis huit mois, les grandes puissances de l'Europe à l'égard de la France (2).

CÈS A ÉTÉ COMPLET. Dans cette épreuve, on a pu remarquer particulièrement la force et l'activité du projectile, ainsi que la promptitude d'ignition des corps attaqué par lui. A coup sûr, un vaisseau sur la coque ou dans la voilure duquel on viendrait à lancer à la fois 4 ou 500 de ces appareils *économiques*, *et constamment disponibles* serait triste figure, et les autres bâtimens, témoins de son désastre, songeraient bientôt à une prompte et prudente retraite, pourvu qu'on leur en laissât le temps. Au reste, l'expérience du *Pyrofère* est si simple, si facile, et en même temps si peu dangereuse et si peu embarrassante, qu'elle peut se faire dans une pièce quelconque d'un appartement, même dans un salon.

Un avantage qu'offre le *Pyrofère*, c'est que lorsqu'on le lance, on n'a jamais à redouter, comme dans les fusées à la congrève, le fâcheux retour du projectile sur lui-même, mais le plus précieux de tous est sans contredit celui qui consiste à pouvoir être fabriqué partout, sur mer comme sur terre, aussi facilement que la cartouche d'infanterie, et être confié exclusivement aux soldats de marine, sans enlever un seul artilleur au service des batteries.

(1) *Voy.*, pag. 71 de la brochure, la note 2.

(2) Les nouvelles complications survenues dans la politique étrangère, l'occupation permanente des places de Syrie par l'armée anglaise, nonobstant les termes du fameux traité du 15 juillet, sont choses de nature à tenir la sollicitude de la France en éveil.

Pour réussir dans une entreprise de ce genre, quatre choses principales sont à observer, et il n'est pas indifférent de vous les désigner ; les voici :

1° Possession exclusive de l'appareil ; 2° secret rigoureux dans sa confection (1) ; 3° initiative dans l'emploi (2) ; 4° approvisionnement en grand et *complet* du projectile *pour toutes les armes de terre et de mer*. Voilà ce qui est de tout point indispensable. On peut voir à cet égard ce que contient la brochure pages 72 et 73. Qu'on ajoute à tous les avantages que comporte le procédé celui de *ne point être meurtrier*, son effet principal, quant à son emploi sur terre, étant uniquement une prompte et complète désorganisation des masses, sans détruire ni hommes ni chevaux (3), et l'on aura une idée de l'importance d'une telle ressource, si elle est surtout dirigée avec les sentimens de loyauté et de patriotisme qui distinguent si éminemment le caractère français.

On ne manquera pas de dire : Mais une fois le procédé connu, l'étranger sera tout aussi avancé que nous (4). Oui sans doute, il en saura tout autant, et il ne manquera pas même de se mettre bientôt à l'œuvre afin de contre-balancer nos moyens au plus vite ; mais pourra-t-il le faire, et d'ailleurs en sera-t-il à temps quand il reconnaîtra qu'il lui faut au moins six mois pour préparer et effectuer ses approvisionnemens. D'un autre côté, n'en verra-t-il pas un sérieux empêchement d'abord dans l'état de découragement, d'inertie et d'impuissance où l'auront jeté les revers qu'il aura essuyés, sans pouvoir y parer, de la part d'un adversaire abondamment pourvu du *redoutable matériel*, et par conséquent prêt à recommencer le lendemain ; en second lieu, par l'effet des conditions rigoureuses d'interdiction qui auront pu lui être imposées après sa défaite, sous le rapport de la fabrication du projectile.

On trouvera d'ailleurs la réponse à cette objection, en ce qui peut concerner la fabrication du *Pyrofère*, à la page 73 de la brochure. Il

(1) *Voy.* la brochure, pag. 72.

(2) On conçoit qu'il serait imprudent d'aller aventurer un tel secret dans une guerre d'escarmouches ; des moyens comme celui que l'on propose ici ne doivent être déployés que dans les grandes collisions, ainsi qu'on eût pu le faire à Jemmapes, à Marengo, Austerlitz, Iéna, Waterloo, Aboukir, Trafalgar, etc., où d'un seul coup ils peuvent trancher la question et assurer pour long-temps la puissance et la suprématie d'un état. (*Voy.* la brochure, pag. 72 et 73.)

(3) *Voy.* la brochure, pag. 71, note 1. Avec le *Pyrofère*, plus de combat à l'arme blanche. Les Anglais en seront donc pour leur nouveau modèle de bayonnette à longue scie d'un côté et à tranchant de l'autre, arme en ce moment soumise chez eux à l'épreuve, et vraiment digne des temps de la barbarie, puisque les blessures qu'elle doit faire seraient incurables.

(4) La meilleure preuve qu'un secret de ce genre ne peut pas se garder long-temps, c'est que depuis que le monde existe, il n'est pas d'invention humaine qui n'ait passé même assez rapidement d'un peuple chez un autre, et, pour ne parler que des temps modernes, nous avons pu voir les fusées à la *congrève*, objet d'invention anglaise, devenir en peu de temps la propriété de l'Europe ; de même que nos fameux mortiers *Paixhans* n'ont pas tardé à aller grossir le matériel des arsenaux de l'Angleterre, qui en a fait un si cruel essai sur les villes de *Beyrouth* et de *Saint-Jean-d'Acre*.

suffira pour assurer le succès à l'égard du secret à observer, soit dans la confection des diverses pièces de l'appareil, soit dans l'initiative de son emploi, de suivre les erremens indiqués page 72 de l'opuscule. Telle est, au reste, la composition de cet appareil, que démonté il n'a guère que le volume d'une grosse noix (1) ; qu'il peut être transporté en tous lieux et en tout temps *sans le moindre danger* dans le havre-sac du soldat, et que celui-ci, avant d'en avoir fait emploi une première fois, peut, tout en le portant, être laissé jusqu'au moment de s'en servir, dans l'ignorance la plus complète de l'usage qu'il en doit faire.

J'ai l'honneur d'être, avec des sentimens très-respectueux,

Messieurs ;

Votre très-humble et obéissant serviteur,

MIROIR.

Grenoble, ce 15 février 1841

(1) Ce volume augmente ou diminue en proportion de l'arme à laquelle on veut adapter l'appareil.

LOISIRS
DE L'HOMME DE GUERRE ET DU MARIN,

CONTENANT :

1° Des notions générales sur la VAPEUR, son origine, ses progrès, ses dangers et les moyens de les prévenir, notamment en ce qui concerne la navigation maritime ou fluviale ;

2° Un détail des perfectionnemens apportés très-récemment à divers procédés très-importans de navigation, tels que le *sillage*, l'*arrimage*, le meilleur mode d'*évoluer*, etc. ;

3° D'autres détails sur l'emploi de l'*appareil-plongeur* pour les recherches sous-marines ; sur les moyens de se garantir du *mal de mer*; sur ceux de rendre *potable* l'eau de mer, et de l'approprier, sur le bâtiment même, à la cuisson des alimens et aux besoin de l'équipage * ; sur les moyens reconnus les plus efficaces pour échapper aux dangers d'un naufrage ;

Et enfin, sur la PUISSANCE DE CERTAINS MOYENS DE GUERRE, lesquels sont applicables aux armées de terre et de mer, et peuvent l'être également aux bâtimens à vapeur de toute dimension, etc., etc.

Ce dernier objet, qui se recommande à l'attention des hommes du métier, fait le sujet d'un mémoire adressé à la chambre des députés le 15 février 1841 **, par l'inventeur du *Pyrofère*, procédé tout nouveau, de nature à garantir désormais la France de tous désastres semblables à ceux qu'elle a éprouvés en 1814 et 1815.

* Une nouvelle expérience concernant cet objet a été faite le jeudi 28 janvier 1841, au ministère de la marine, en présence de MM. les membres du conseil des travaux maritimes, et a parfaitement réussi.

** Ce mémoire est celui qui précède.

Brochure in-12, contenant la matière de 2 à 300 pages, caractère cicéro,

Par E. M. M. MIROIR,

Auteur de plusiers ouvrages d'administration, de science et d'art, et inventeur

DU

GNOMONHYDRE
ET DU PYROFÈRE.

Brochure in-12 contenant la matière de 2 à 300 p., caractère cicéro.

Ornée d'un joli dessin, représentant la translation de Napoléon à Sainte-Hélène, en octobre 1815.

Prix : 1 fr. 25 c. pris au bureau, et 1 fr. 50 c. franco.

AUX ADRESSES INDIQUÉES AU VERSO DU TITRE
ET DANS TOUS LES ÉTABLISSEMENS DE NAVIGATION A VAPEUR.

www.ingramcontent.com/pod-product-compliance
Lightning Source LLC
Chambersburg PA
CBHW061500050726
47593CB00004B/1715